Thomas Jefferson

Declarar nuestra libertad

Jeanne Dustman

Asesor

Glenn Manns, M.A.

Coordinador del programa de enseñanza de Historia de los Estados Unidos en la Cooperativa Educativa de Ohio Valley

Créditos

Dona Herweck Rice, *Gerente de redacción*; Lee Aucoin, *Directora creativa*; Conni Medina, M.A.Ed., *Directora editorial*; Katie Das, *Editora asociada*; Neri Garcia, *Diseñador principal*; Stephanie Reid, *Investigadora fotográfica*; Rachelle Cracchiolo, M.S.Ed., *Editora comercial*

Teacher Created Materials

5301 Oceanus Drive
Huntington Beach, CA 92649-1030
http://www.tcmpub.com
ISBN 978-1-4333-2580-9
©2011 Teacher Created Materials, Inc.

Tabla de contenido

Un gran líder

Thomas Jefferson fue un gran estadounidense. Sirvió a su país de muchas maneras. Ayudó a liberar los Estados Unidos de Gran Bretaña. Escribió leyes que les dieron más **derechos** a las personas. Thomas fue el tercer **presidente** de los Estados Unidos.

Thomas Jefferson

Dato curioso

Thomas es uno de los cuatro presidentes de los Estados Unidos en el monte Rushmore. El monte Rushmore conmemora los primeros 150 años de los Estados Unidos.

El monte Rushmore

Los primeros años

Thomas nació en Virginia el 13 de abril de 1743. Vivía en una **plantación**. Una plantación es una granja grande. Su padre era granjero. Su madre provenía de una familia importante.

La huerta de Thomas en su plantación, llamada Monticello

A Thomas le encantaba aprender. Fue a la universidad por dos años. Era un buen estudiante. Leyó muchos libros. ¡Estudiaba 14 horas al día! Después del colegio, Thomas estudió leyes. Quería ser **abogado**.

Dato curioso

Thomas era un buen lector. ¡Podía leer en cinco idiomas diferentes!

Dato curioso

A Thomas le encantaba la música. Tocaba el violín.

Thomas estudió en la Universidad de William y Mary, en Virginia.

La vida como abogado

Thomas era un abogado muy ocupado. Viajó por Virginia y conoció a muchas personas. Ellos fueron gobernados por el rey de Gran Bretaña. La gente no estaba contenta con las leyes del rey. Querían hacer sus propias leyes. Thomas quería ayudarlos.

CONSIDERATIONS

James ON THE *Tilghman*

PROPRIETY

OF IMPOSING

TAXES

IN THE

British COLONIES,

Un folleto escrito contra los impuestos del rey

Las personas no estaban contentas con el impuesto al té. Tiraron cajas de té al océano. Esto se conoce como el Motín del té de Boston.

Motín del té de Boston

On the instructions given to the f.t delegation of Virginia to Congress in August 1774.

The legislature of Virginia happened to be in session in Williamsburg when news was received of the passage, by the British parliament, of the Boston port bill. this was to take effect on the 1st day of June then ensuing. the House of Burgesses thereupon past a resolution recommending to their fellow citizens that that day should be set apart for fasting and prayer to the supreme being, imploring him to avert the calamities then threatening us, and to give us one heart and one mind to oppose every invasion of our liberties. the next day, May 20. 1774. the Governor dissolved us. we immediately repaired to a room in the Raleigh tavern; about 100. paces distant from the Capitol, formed ourselves into a meeting, Peyton Randolph in the chair, and came to resolutions declaring that an attack on one colony to enforce arbitrary acts, ought to be considered as an attack on all, and to be opposed by the united wisdom of all. they therefore appointed a committee of correspondence to address letter to the Speaker of the several Houses of Representatives of the Colonies, proposing the appointment of deputies from each to meet annually in a General Congress, to

Thomas resultó **electo** para participar en la **cámara baja** de Virginia. La cámara baja era un grupo de hombres que dictaban las leyes de Virginia. Era un buen trabajo para un abogado. Thomas trabajó para conseguir más derechos para los estadounidenses. Escribió cartas a otros líderes en las **colonias**. Escribía en contra de las leyes británicas.

Una reunión de la cámara baja

Carrera política

Los Estados Unidos entró en guerra con Gran Bretaña. Los Estados Unidos luchaban por obtener su libertad. Thomas era un buen escritor. Se le pidió que escribiera la **Declaración de Independencia**. Esta carta decía que las colonias ya no estarían bajo el gobierno de Gran Bretaña.

En esta reunión se le mostró la Declaración de Independencia al Congreso.

IN CONGRESS. JULY 4, 1776.

The unanimous Declaration of the thirteen united States of America.

Declaración de Independencia

Dato curioso

Hace mucho tiempo, era frecuente viajar en barco. Tomaba un mes llegar a Francia desde los Estados Unidos.

Thomas quería mejorar la vida de las personas en Virginia. Él escribió leyes para darle más libertad a la gente. Más personas podían poseer tierras. Todos podían elegir sus propias iglesias. Thomas fue **electo gobernador** de Virginia.

Dato curioso

Cuando fue gobernador de Virginia, Thomas vivió en esta casa especial.

Thomas se llevaba bien con las personas. Le pidió al rey de Francia que comerciara con las colonias. El presidente Washington vio que Thomas era bueno para hacer negocios. Él le pidió que fuera el primer **secretario de Estado**.

El presidente Washington y su equipo de líderes

El secretario de Estado
Thomas Jefferson

En 1796, Thomas se postuló para presidente de los Estados Unidos. Pero no ganó. John Adams ganó. Thomas se convirtió en vicepresidente. En 1800 se postuló de nuevo y ganó. Se convirtió en el tercer presidente de los Estados Unidos.

Una pintura de Thomas

Una estatua de Thomas

Como presidente, Thomas le compró a Francia un territorio grande. Se llamaba "territorio de Louisiana". Envió un grupo de hombres a explorar las tierras. Dos hombres, llamados Lewis y Clark, dirigían el equipo. Este nuevo territorio hizo más grande a los Estados Unidos.

Este mapa muestra el territorio de Louisiana.

Dato curioso

Thomas tenía dos osos en su patio. Lewis y Clark le dijeron que no era seguro quedarse con los osos.

Por fin en casa

Al terminar su período como presidente, Thomas regresó a su casa. Quería ayudar a más personas a ir a la escuela. Entonces, les pidió a los líderes de Virginia que le permitieran fundar una universidad. Fundó la Universidad de Virginia.

Dato curioso

Un incendio destruyó muchos de los libros de la **Biblioteca del Congreso de los Estados Unidos**. Thomas vendió miles de sus propios libros para reemplazarlos.

Dato curioso

Thomas diseñó su propia casa. La llamó Monticello. Le encantaba su casa.

Que resuene la libertad

Thomas fue un gran líder. Ayudó a los Estados Unidos a ser libres. Él escribió las leyes que le dieron más libertad a la gente. Thomas murió el 4 de julio de 1826.

Un retrato de Thomas

Dato curioso

Thomas y su amigo John Adams murieron en la misma fecha.

Thomas Jefferson

John Adams

1743

Thomas Jefferson nace en Virginia.

1760–1762

Thomas cursa sus dos primeros años de educación superior.

1775

Thomas escribe la Declaración de Independencia.

tiempo

1800

Thomas es elegido presidente de los Estados Unidos.

1819

Thomas funda la Universidad de Virginia.

1826

Thomas muere a los 83 años.

Glosario

abogado—persona cuyo trabajo es informarle a las personas sobre las leyes y hablar por ellas en los tribunales

Biblioteca del Congreso—una de las colecciones de libros más grandes del mundo

cámara baja—primer gobierno de las colonias estadounidenses

colonias—países o regiones gobernadas por un país más poderoso

Declaración de Independencia—documento formal que decía que las 13 colonias estadounidenses eran libres de Gran Bretaña

derechos—lo que la ley permite o debería permitir que las personas hagan

electo—elegido mediante voto para una tarea

gobernador—persona a cargo de un estado

plantación—granja grande dedicada a los cultivos

presidente—líder de un gobierno

secretario de estado—en los Estados Unidos, persona a cargo de trabajar con los demás países

Índice

Estadounidenses de hoy

En el 2008, nombraron secretaria de Estado a Hillary Clinton. Como secretaria de Estado, viaja por todo el mundo y se reúne con los líderes mundiales. Hillary ayuda a los países a llevarse bien. Ella ayuda a mantener la paz en el mundo.